Lieblingsgedichte von Regine Choi

Hast ein Reh du lieb vor andern

übersetzt von Doo Hwan Choi

* 이 책 제목은 아이헨도르프의 시 〈Zwielicht(여명)〉에서 따왔다.

레기네 최

1936년 독일 붓퍼탈-엘버펠트 시에서 태어남.

1984~2001년 서강대학교에서 독일문화를 가르침.

최두환

1935년 서울에서 태어남.

1982~2000년 중앙대학교에서 독문학을 가르침.

1993~1997년 한국괴테학회 회장.

1999년부터 바이마르 국제괴테학회 명예회원.

2000년 도서출판 시와진실 창립

최 레기네 애송시

네가 좋아하는 사슴을, 그 무엇보다도

최두환 옮김

시와진실

'Du bist mîn, ich bin dîn'

Du bist mîn, ich bin dîn.
des solt du gewis sîn.
du bist beslozzen
in mînem herzen
verlorn ist daz sluzzelîn
du muost immer darinne sîn.

---

* 작가 미상. 12세기 경 왕궁 여인으로 추측.
* 제목 없는 시는 편의상 첫 행을 제목으로 삼고 ' ' 표시를 했다.

'너는 내 것 나는 네 것'

너는 내 것 나는 네 것
너는 그 점 믿어야 해
너는 내 마음 상자 안에
갇혀 있는 거야
열쇠는 잃어버려 없어
넌 영원히 그 안에 있을 수밖에 없다구.

'Ich zôch mir einen valken'

Ich zôch mir einen valken
mêre danne ein jâr.
dô ich in gezamete
als ich in wolte hân
und ich im sîn gevidere
mit golde wol bewant,
er huop sich ûf vil hôhe
und flouf in anderiu lant.

Sît sach ich den valken
schône fliegen:
er fuorte an sînem fuoze
sîdîne riemen,
und was im sîn gevidere
alrôt guldîn.
got sende zi zesamene
die gerne geliep wellen sîn!

---

* Der von Kürenberc (12세기 중엽 방랑시인)

'나는 매 한 마리 길렀었네'

나는 매 한 마리 길렀었네
일 년도 넘게
잘 길들여
내 것으로 만들고 싶었네
그래서 그의 다리에
황금색 고리를 달아두었네
그는 높이 뛰어 오르더니
날아가 버렸네 다른 나라로.

그 후 나는 그 매가
멋있게 나는 걸 보았네
그는 발에
비단을 감고 있었네
그리고 날개는
온통 황금색으로 빛났네
하느님 그들을 함께 있게 해주소서
서로 사랑으로 묶여 있게 해주소서.

'ich saz ûf eime steine'

Ich saz ûf eime steine
und dahte bein mit beine.
dar ûf satzt ich den ellenbogen.
ich hete in mîne hant gesmogen
daz kinne und ein mîn wange.
dô dâhte ich mir vil ange,
wie man zer welte solte leben.
deheinen rât kond ich gegeben,
wie man driu dinc erwurbe,
der keines niht verdurbe.
diu zwei sint êre und varnde guot,
daz dicke ein ander schaden tuot:
daz dritte ist gotes hulde,
der zweier übergulde.
die wolte ich gerne in einen schrîn:
jâ leider desn mac niht gesîn,

---

* Walter von der Vogelweide (1170~1230년 경)

'나는 돌 위에 앉아 있었네'

나는 돌 위에 앉아 있었네
그리고 생각했네 다리 포개고
그 위에 팔꿈치 받쳐놓고
턱과 한쪽 뺨
손바닥에 괴고
골똘히 생각했네 많은 것을
이 세상 어떻게 살아야 할 것인가를
허지만 아무리 생각해도 알 길 없었네
어찌해야 세 가지 다
망치지 않고 간직할 수 있을까를
둘은 명예와 들쑥날쑥하는 재물이라
서로 조화 이루기 어렵지 않으나
세 번째는 하느님 은총이니
다른 두 가지보다 훨씬 값진 것이라
옥함 속에 잘 보관하고 싶으나
그리할 수가 없네

daz guot und weltlich êre
und gotes hulde mêre
zesamene in ein herze komen.
stîg unde wege sint in benomen:
untriuwe ist in der sâze,
gewalt vert ûf der strâze,
fride unde reht sint sere wunt.
diu driu enhabendt geleites niht,
diu zwei enwerden ê gesunt.

재물과 명예
거기다 하느님 은총을
한 마음속에 같이 간직할 수가 없네
길과 언덕이 가로막고
등 뒤에 배신이 숨어 있고
한낮에 폭력이 벌어지니
평화와 정의는 상처 투성이라
이 두 가지가 온전하지 않으면
세 가지는 보호받을 수 없다네.

‘Under der linden’

Under der linden
an der heide,
Dâ unser zweier bette was,
dâ mugt ir vinden
schône beide
gebrochen bluomen unde gras.
Vor dem walde in einem tal,
tandaradei,
schône sanc diu nahtegal.

Ich kam gegangen
zuo der ouwe:
dô was mîn friedel komen ê.
Dâ wart ich enpfangen,
hêre frouwe,
daz ich bin sælic iemer mê.
kuste er mich? wol tûsentstunt:

---

* Walter von der Vogelweide (1170~1230년 경)

'보리수 아래'

보리수 아래
수풀가 들판
우리 둘이 누웠던 곳
너흰 찾을 수 있을 거야
꽃과 풀 둘 다 멋지게
눌려 있는 자리를
숲가 계곡
탄다라다이
밤꾀꼬리 멋지게 노래했었지.

나는 갔었지
초원으로
그곳에 내 사랑 벌써 와 있었지
그리고 나를 맞아주었지
어여쁘신 아가씨! 하면서
얼마나 기뻤던가 얼마나 행복했던가
나한테 입맞췄냐고? 천만 번 해줬지

tandaradei,
seht wie rôt mir ist der munt.

Dô het er gemachet
alsô rîche
von bluomen eine bettestat.
Des wirt noch gelachet
inneclîche,
kumt iemen an daz selbe pfat.
Bî den rôsen er wol mac,
tandaradei,
merken wâ mirz houbet lac.

Daz er bî mir læge,
wessez jemen
(nu enwelle got!), sô schamt ich mich.
Wes er mit mir pflæge,
niemer niemen
bevinde daz, wan er und ich-
und ein kleinez vogellîn,
tandaradei,
daz mac wol getriuwe sîn.

탄다라다이
내 입술 얼마나 빨개졌는지 좀 보라구!

그가 그곳에 만들었다구
아주 멋진
꽃침대를
그걸 보면 사람들은 웃어대겠지
좋을시고 하면서
그 길 걸어오다 보면
장미꽃 있는 곳에서
탄다라다이
알아볼 거라구 머리 뉘였던 곳을.

그가 내 옆에 누웠던 걸
누가 안다면
(어머나!) 그럼 부끄러워 어쩌나
그와 내가 한 일은
누가 알면 절대
안 되지 그와 나 말고는
그리고 작은 새야
탄다라다이
넌 모른 척 할 수 있겠지.

Geh aus, mein Herz

Geh aus, mein Herz und suche Freud
In dieser lieben Sommerzeit
an deines Gottes Gaben:
schau an der schönen Gärten Zier,
und siehe, wie sie mir und dir
sich ausgeschmücket haben.

Die Bäume stehen voller Laub,
das Erdreich decket seinen Staub
mit einem grünen Kleide,
Narzissus und die Tulipan,
die ziehen sich viel schöner an,
als Salomonis Seide.

Die Lerche schwingt sich in die Luft,
das Täublein fliegt aus seiner Kluft
und macht sich in die Wälder;

---

* Paul Gehardt (1607~1676)

밖으로 나오라 내 마음아

나오라 내 마음아 그리고 찾으라 기쁨을
이 즐거운 여름날에
네 하느님의 선물을
바라보라 아름다운 정원 장식을
그리고 보라 어떻게 그것들이 나와 너를 위해
꾸며져 있는가를.

잎사귀 무성한 나무들
대지는 흙먼지를
푸른 옷으로 입혔구나
수선화와 튤립
솔로몬의 비단보다도
아름답구나.

종달새 하늘 높이 날고
비둘기 심연에서 날아와
숲 속으로 사라지네

die hochbegabte Nachtigall
ergötzt und füllt mit ihrem Schall
Berg, Hügel, Tal und Felder.

Ich selbsten kann und mag nicht ruhn,
des großen Gottes großes Tun
erweckt mir alle Sinnen:
Ich singe mit, wenn alles singt,
und lasse, was dem Höchsten klingt,
aus meinem Herzen rinnen.

재주 많은 밤꾀꼬리 소리
산과 들에 언덕과 계곡에
울려 퍼지네.

나는 쉴 수가 없네
위대하신 하느님의 크나큰 사업
내 온몸을 깨우네
나는 노래하네 모두 노래하면
그리고 가장 높은 곳에서 울려 퍼지는 소리
내 마음에서 흘러 나오게 하네.

Abendlied

Der Mond ist aufgegangen,
Die goldnen Sternlein prangen
Am Himmel hell und klar;
Der Wald steht schwarz und schweiget,
Und aus den Wiesen steiget
Der weiße Nebel wunderbar.

Wie ist die Welt so stille
Und in der Dämmerung Hülle
So traulich und so hold,
Als eine stille Kammer,
Wo ihr des Tages Jammer
Verschlafen und vergessen sollt.

Seht ihr den Mond dort stehen?-
Er ist nur halb zu sehen
Und ist doch rund und schön!

---

* Matthias Claudius (1740~1815)

저녁 노래

달이 떴네
하늘엔 밝고 또렷이
작은 금빛별 반짝이네
침묵하는 시커먼 숲
그리고 들판엔 하얀 안개
신비롭게 피어 오르네.

이 황혼에 감싸인 세상
어찌 이다지도 고요한가
어찌 이다지도 슬프고 경건해지는가
하나의 조용한 방
고단한 너희 하루를
잠재우고 잊게 해주는 방.

보고 있는가 저만치 떠 있는 달을?
달은 반쪽만 보이지만
실은 둥글고 아름답다네!

So sind wohl manche Sachen,
Die wir getrost belachen,
Weil unsre Augen sie nicht sehn.

Wir stolze Menschenkinder
Sind eitel armer Sünder
Und wissen gar nicht viel;
Wir spinnen Luftgespinste
Und suchen viele Künste
Und kommen weiter von dem Ziel.

Gott, laß uns dein Heil schauen,
Auf nichts Vergänglichs trauen,
Nicht Eitelkeit uns freuen!
Laß uns einfältig werden
Und vor dir hier auf Erden
Wie Kinder fromm und fröhlich sein!

Wollst endlich sonder Grämen
Aus dieser Welt uns nehmen

우리가 제대로 보지 않아서
비웃는 일들도
아마 그러할 거네.

자부심 강한 우리 사람들은
허영심 많은 가련한 죄인
아는 것 별로 많지 않다네
우린 허공에 망상이라는 거미줄 치며
온갖 재주 부리려 들지만
그럴수록 목적지에서 더 멀어만 가지.

하느님 당신의 보살핌을 알게 해주시고
어떤 무상함도 믿지 않게 해주옵소서
우릴 기쁘게 하는 건 허영이 아닙니다!
우린 단순해져야 합니다
그리고 당신 앞 여기 지상에서
어린아이처럼 순수하고 쾌활해야 합니다.

별난 우리 원한을 제발
이 세상에서 거두어 주옵소서

Durch einen sanften Tod!
Und, wenn du uns genommen,
Laß uns in Himmel kommen,
Du unser Herr und unser Gott!

So legt euch denn, ihr Brüder,
In Gottes Namen nieder;
Kalt ist der Abendhauch.
Verschon uns, Gott! mit Strafen,
Und laß uns ruhig schlafen
Und unsern kranken Nachbar auch!

부드러운 죽음으로!
그리고 우리를 데려 가시려거든
하늘나라로 가게 해주옵소서
우리 주인이신 당신 우리 하느님!

그러니 너희 형제들아
하느님 품에 안길지어다
저녁 공기가 찹니다
하느님 우리를 벌하지 마시고
편안히 잠들게 해주옵소서
그리고 병든 우리 이웃들도!

Täglich zu singen

Ich danke Gott und freue mich
Wie 's Kind zur Weihnachtgabe,
Daß ich bin, bin! Und daß ich dich,
Schön menschlich Antliz! habe,

Daß ich die Sonne, Berg und Meer
Und Laub und Gras kann sehen
Und abends unterm Sternenheer
Und lieben Monde gehen,

Und daß mir denn zu Mute ist,
Als wenn wir Kinder kamen
Und sahen, was der heilige Christ
Bescheret hatte, Amen!

---

* Eduard Möerike (1804~1875)

매일 노래하네

나는 하느님께 감사드리며 기뻐하네
성탄절 선물받고 좋아하는 어린아이처럼
내가 살아 있음을! 그리고 네가 내게
있음을 오 아름다움이여!

내가 해와 산 그리고 바다를
그리고 나뭇잎과 풀을 볼 수 있다는 것을
그리고 저녁이면 수많은 별과
반가운 달님 아래서 거닐 수 있다는 것을.

그리고 그럴 때면 마치 우리가
어린아이처럼 느껴지는 것을
그리고 우리는 알게 되었네 하느님이
주신 선물이 무엇인지를 아멘!

Mignon

Kennst du das Land, wo die Zitronen blühn,
Im dunkeln Laub die Gold-Orangen glühn,
Ein sanfter Wind vom blauen Himmel weht,
Die Myrte still und hoch der Lorbeer steht,
Kennst du es wohl?
        Dahin! Dahin
Möchte ich mit dir, o mein Geliebter, ziehn.

---

* Johann Wolfgang von Goethe (1749~1832)

미 뇽

그대는 아는가 저 레몬꽃 피는 나라를
검푸른 잎사귀 사이 금빛 오렌지를
푸르른 하늘에선 부드러운 바람 불어오고
미르테 조용하고 월계수 높이 서 있는 곳
그대는 아는가 그곳을?
그곳으로! 그곳으로
가고파라 오 내 사랑 그대와 함께 가고파라.

Hälfte des Lebens

Mit gelben Birnen hänget
Und voll mit wilden Rosen
Das Land in den See,
Ihr holden Schwäne,
Und trunken von Küssen
Tunkt ihr das Haupt
Ins heilignüchterne Wasser.

Weh mir, wo nehm ich, wenn
Es Winter ist, die Blumen, und wo
Den Sonnenschein
Und Schatten der Erde?
Die Mauern stehn
Sprachlos und kalt, im Winde
Klirren die Fahnen.

---

* Friedrich Hölderlin (1770~1843)

삶의 두 모습

누런 배 주렁주렁 익어가고
들장미 가득한
호숫가 너희
청순한 백조여
입맞춤에 취했는가
머리 담그는고야
성스런 맑은 물속으로.

서러워라 겨울되면 나 어디서
꽃들 보랴 어디서
햇살을 보랴
그늘진 땅을 보랴?
성벽 줄지어
말없이 차갑게 서 있는데
풍향기 소리만 삐걱거리네.

'Wenn nicht mehr Zahlen und Figuren'

Wenn nicht mehr Zahlen und Figuren
Sind Schlüssel aller Kreaturen,
Wenn die so singen oder küssen
Mehr als die Tiefgelehrten wissen,
Wenn sich die Welt ins freie Leben
Und in die Welt wird zurückbegeben,
Wenn dann sich wieder Licht und Schatten
Zu echter Klarheit werden gatten
Und man in Märchen und Gedichten
Erkennt die ewgen Weltgeschichten,
Dann fliegt vor einem geheimen Wort
Das ganze verkehrte Wesen fort.

---

* Novalis (1772~1801)

'수와 형식이 아니라면'

수와 형식이 모든 창조물의 비밀을
밝히는 열쇠가 아니라면
노래하고 사랑하는 사람들이
심오한 학자들보다 더 많은 걸 안다면
온 세상이 자유로운 삶을 살게 된다면
그리하여 제 세상으로 되돌아 간다면
그리하여 빛과 그늘이
진정한 밝음으로 어우러지고
동화와 시에서
진정한 세계의 역사를 인식한다면
한마디 비밀스런 단어 앞에서
잘못된 것이 모두 날아가 버리리라.

Mondnacht

Es war, als hätt der Himmel
Die Erde still geküßt,
Daß sie im Blütenschimmer
Von ihm nun träumen müßt.

Die Luft ging durch die Felder,
Die Ähren wogten sacht,
Es rauschten leis die Wälder
So sternklar war die Nacht.

Und meine Seele spannte
Welt ihre Flügel aus,
Flog durch die stillen Lande,
Als flöge sie nach Haus.

---

* Joseph von Eichendorff (1788~1857)

달 밤

하늘이 마치 땅을
살며시 입맞춤한 듯
달빛 머금은 꽃밭에서 땅은 이제
하늘을 꿈에 품게 되었네.

바람은 들판을 질러 지나가고
이삭은 부드러이 파도치는데
숲은 말없이 솨솨 나부끼네
이토록 별들 총총한 밤에.

그리고 내 넋은 활짝
두 날개 펼쳤네
고요한 마을 지나 날아갔네
마치 고향집 향하듯 날아갔네.

Der Einsiedler

Komm, Trost der Welt, du stille Nacht!
Wie steigst du von den Bergen sacht,
Die Lüfte alle schlafen,
Ein Schiffer nur noch, wandermüd,
Singt übers Meer sein Abendlied
Zu Gottes Lob im Hafen.

Die Jahre wie die Wolken gehn
Und lassen mich hier einsam stehn,
Die Welt hat mich vergessen,
Da trat'st du wunderbar zu mir,
Wenn ich beim Waldestrauschen hier
Gedankenvoll gesessen.

O Trost der Welt, du stille Nacht!
Der Tag hat mich so müd gemacht,
Das weite Meer schon dunkelt,

---

* Joseph von Eichendorff (1788~1857)

은둔자

오라 이 세상의 위안 너 고요한 밤이여!
어찌 그리도 살며시 산에서 올라온단 말인가
사방은 모두 잠들었는데
뱃사공 혼자만이 아직도 지친 몸으로
노래 부르네 그의 저녁 바다를
항구에서 하느님 찬양하기 위해.

세월은 구름처럼 지나가고
여기에 날 외로이 서 있게 하네
세상이 나를 잊은 지 오래
그때 꿈처럼 네가 내게로 왔지
내가 여기 숲가 꽃밭에
사색에 잠겨 앉아 있을 때.

오 세상의 위로 너 고요한 밤이여!
낮 동안 나는 피곤했네
광활한 바다는 이미 어두워졌는데

Laß ausruhn mich von Lust und Not,
Bis daß das ewige Morgenrot
Den stillen Wald durchfunkelt.

나를 쉬게 해다오 즐거움에서 고통에서
영원한 새벽노을이
고요한 숲 뚫고 빛날 때까지.

Die Heimat
An meinen Bruder

Denkst du des Schlosses noch auf stiller Höh?
Das Horn lockt nächtlich dort, als obs dich riefe,
Am Abgrund grast das Reh,
es rauscht der Wald verwirrend aus der Tiefe-
o stille, wecke nicht, es war als schliefe
da drunten ein unnennbar Weh.

Kennst du den Garten?- Wenn sich Lenz erneut,
geht dort ein Mädchen auf den kühlen Gängen
still durch die Einsamkeit,
und weckt den leisen Strom von Zauberklängen,
als ob die Blumen und die Bäume sängen
rings von der alten schönen Zeit.

Ihr Wipfel und ihr Bronnen rauscht nur zu!
Wohin du auch in wilder Lust magst dringen,

---

* Joseph von Eichendorff (1788~1857)

고 향
내 동생에게

넌 아직도 생각나겠지 정막한 저 산꼭대기 성곽이?
밤이면 뿔나팔 소리 그곳으로 널 유혹하듯 불러내고
절벽 밑 계곡엔 풀 뜯어 먹는 사슴
황량한 숲 바람 소리 먼 발치에서 들려오는 그곳을
오 조용 깨우지 마라 마치 잠자는 것 같은
말할 수 없는 저 밑바닥 슬픔을.

넌 알고 있겠지 그 정원을? 새봄이 오면
처녀아이 조용히 서늘한 산책길
홀로 거니는 곳을
소리 없는 강물 깨워 마법 음향 흘러오게 하고
마치 꽃과 나무 사방에서 아름답던 옛 시절
노래하는 곳을.

우둠지들아 우물들아 솨솨 계속 소리 내렴
너 솟구치는 충동으로 어디로 달려가든

du findest nirgends Ruh,
erreichen wird dich das geheime Singen,-
ach, dieses Bannes zauberischen Ringen
entfliehn wir nimmer, ich und du!

거기서도 안정 찾지 못하리
신비로운 그 노래 너를 뒤따르리
아 이 마법 올가미 벗어나지 못하리
영원히 영원히 나도 너도!

Sehnsucht

Es schienen so golden die Sterne,
Am Fenster ich einsam stand
Und hörte aus weiter Ferne
Ein Posthorn im stillen Land.
Das Herz mir im Leib entbrannte;
Da hab ich mir heimlich gedacht:
Ach, wer da mitreisen könnte
In der prächtigen Sommernacht!

Zwei junge Gesellen gingen
Vorüber am Bergeshang,
Ich hörte im Wandern sie singen
Die stille Gegend entlang:
Von schwindelnden Felsenschlüften,
Wo die Wälder rauschen so sacht,
Von Quellen, die von den Klüften
Sich stürzen in die Waldesnacht.

---

* Joseph von Eichendorff (1788~1857)

그리움

별들 금빛으로 빛나는 밤
창가에 외로이 서 있을 때
나는 들었다 조용한 시골길 지나는
멀리서 들려오는 우편마차의 나팔 소리를
내 마음은 불타 올랐다
나는 속으로 생각했다
아, 뉘라도 있어 함께 여행했으면
이 찬란한 여름밤에!

젊은이 둘이 걸어가고 있었다
비탈길 지나
그들의 노래 나는 들었다
고요한 곳 따라 걸어가며 부르는
아찔한 절벽바위랑
살며시 속삭이는 숲 소리랑
깜깜한 밤 숲 속 절벽에서
쏟아져 내리는 냇물 소리랑.

Sie sangen von Marmorbildern,
Von Gärten, die überm Gestein
In dämmernden Lauben verwildern,
Palästen im Mondenschein,
Wo die Mädchen am Fenster lauschen,
Wann der Lauten Klang erwacht
Und die Brunnen verschlafen rauschen
In der prächtigen Sommernacht.

그들은 노래했다 대리석 흉상을
바위 위로 기어올라 황혼의 정자
덮어버린 넝쿨 정원을
달빛 속에 잠자는 궁전들을
그 창가에서 소녀들 하프 소리에
잠에 취해 졸졸졸 흐르는 냇물 소리에
귀 기울이고 있는 것을
이 찬란한 여름밤에.

Die Zwei Gesellen

Es zogen zwei rüstige Gesellen
zum erstenmal von Haus,
so jubelnd recht in die hellen,
klingenden, singenden Wellen
des vollen Frühling hinaus.

Die strebten nach hohen Dingen,
die wollten, trotz Lust und Schmerz,
was Rechts in der Welt vollbringen,
und wem sie vorüber gingen,
dem lachten Sinnen und Herz.-

Der erste, der fand en Liebchen,
die Schwieger kauft' Hof und Haus;
der wiegte gar bald ein Bübchen
und sah aus heimlichem Stübchen
behaglich ins Feld hinaus.

---

* Joseph von Eichendorff (1788~1857)

두 젊은이

건장한 두 젊은이가 길을 떠났다
난생 처음 고향집에서
신바람나게 밝은
새소리 넘쳐나는 밝은
노래 부르며 떠났다.

그들은 높은 뜻 이루려 했다
즐거울 때나 괴로울 때나
무언가 올바른 일 세상에 드러내려 했다
가는 길에 누구와 마주치든
호탕하게 웃으며 갔다.

한 젊은이는 애인을 만났다
장모가 텃밭 딸린 집을 사줬다
얼마 가지 않아 사내아이 아빠가 됐다
그리고 아늑한 방에서 편하니 앉아
들판을 내다봤다.

Dem zweiten sangen und logen
die tausend Stimmen im Grund,
verlockend Sirenen, und zogen
ihn in der buhlenden Wogen
farbig klingenden Schlund.

Und wie er auftaucht vom Schlunde,
da war er müde und alt,
sein Schifflein das lag im Grunde,
so still war's rings in die Runde,
und über die Wasser wehts kalt.

Es singen und klingen die Wellen
des Frühlings wohl über mir;
und seh ich so kecke Gesellen,
die Tränen im Auge mir schwellen-
ach Gott, führ uns liebreich zu Dir!

또 한 젊은이는 달콤한 노래와
온갖 거짓말에 빠져들었다
유혹하는 여자들이 그를 끌어들였다
사랑놀이 물결
오색 찬란한 떠들썩한 시궁창으로.

그는 그 구렁텅이에서 빠져나왔을 때
지쳐 있었다 그리고 늙은이가 돼 있었다
그의 배는 땅바닥에 놓여 있었다
사방은 아주 조용했다.
바다 위로는 찬바람이 불어왔다.

봄 노래가 들려온다
내 머리 위에서 물결친다
그리고 나에겐 활기찬 두 젊은이가 보인다
내 눈에 눈물이 고인다 아 하느님
우릴 큰 사랑으로 당신께 인도해 주시옵소서!

Nachtzauber

Hörst du nicht die Quellen gehen
Zwischen Stein und Blumen weit
Nach den stillen Waldesseen,
Wo die Marmorbilder stehen
In der schönen Einsamkeit?
Von den Bergen sacht ernieder,
Weckend die uralten Lieder,
Steigt die wunderbare Nacht,
Und die Gründe glänzen wieder,
Wie du's oft im Traum gedacht.

Kennst die Blume du, entsprossen
In dem mondbeglänzten Grund?
Aus der Knospe, halb erschlossen,
Junge Glieder blühend sprossen,
Weiße Arme, roter Mund,
Und die Nachtigallen schlagen,

---

* Joseph von Eichendorff (1788~1857)

마술 같은 밤

들리지 않느냐 여울물 흘러가는 소리가
바위와 꽃들 틈새 지나 멀리
고요한 숲 호수 향해 가는 소리가
아름다운 외딴 곳
대리석 석상들 늘어선 곳으로 가는?
아주 오래된 노래 일깨워 주는 소리
산 쪽에서 은은히 내려오고
신비스런 밤이 솟아오른다
그리고 대지는 다시 빛난다
네가 꿈에서 자주 본 것처럼.

너는 아는가? 달빛 빛나는 땅에서
피어오른 꽃을
반쯤 열린 꽃망울에서
젊은 팔다리가 힘차게 솟아나는 것을?
하얀 팔목 붉은 입술
꾀꼴새는 울어대는데

Und rings hebt es an zu klagen,
Ach, vor Liebe todeswund,
Von versunken schönen Tagen-
Komm, o komm zum stillen Grund!

사방팔방 들려오는 한숨 소리
아 사랑 때문에 죽음의 상처 입은
사라져 간 아름다운 나날들
오라 오 오라 고요한 이 땅으로!

Zwielicht

Dämmerung will die Flügel spreiten,
Schaurig rühren sich die Bäume,
Wolken ziehn wie schwere Träume-
Was will dieses Graun bedeuten?

Hast ein Reh du lieb vor andern,
Laß es nicht alleine grasen,
Jäger ziehn im Wald und blasen,
Stimmen hin und wieder wandern.

Hast du einen Freund hienieden,
Trau ihm nicht zu dieser Stunde,
Freundlich wohl mit Aug und Munde,
Sinnt er Krieg im tück'schen Frieden.

Was heut müde gehet unter,
Hebt sich morgen neugeboren.
Manches bleibt in Nacht verloren-
Hüte dich, bleib wach und munter!

---

* Joseph von Eichendorff (1788~1857)

여 명

황혼이 두 날개 펼치려 하네
나무들 으슬으슬 서로 맞닿네
구름은 마치 무거운 꿈을 꾸듯 지나가네
이 무시시함 무엇을 뜻하느뇨?

네가 좋아하는 사슴을 그 무엇보다도
홀로 풀 뜯게 놔두지 마라
사냥꾼들 숲 지나며 나팔 불어댄다
여기저기서 지껄이며 지나간다.

이 세상에 친구 하나 네게 있다 해도
믿지 마라 그를 이 시간에는
설사 눈과 입으로 친절할지라도 그는
평화를 가장하고 전쟁을 꾸미고 있느니라.

오늘 지쳐 쓰러져 간 것이
내일이면 새로 태어난 듯 일어서리라
밤에는 많은 걸 잃어버리는 법
조심하라 늘 깨어 있으리 명랑하게!

'Du bist wie eine Blume'

Du bist wie eine Blume,
So hold und schön und rein;
Ich schau dich an, und Wehmut
Schleicht mir ins Herz hinein.

Mir ist, als ob ich die Hände
Aufs Haupt dir legen sollt,
Betend, daß Gott dich erhalte
So rein und schön und hold.

---

* Heinrich Heine (1797~1856)

'너는 한 송이 꽃 같구나'

너는 한 송이 꽃 같구나
어쩌면 고렇게 맑고 예쁘냐
찬찬히 너를 들여다보니 슬픔이
가슴속으로 스며온다.

나는 네 머리에 두 손 얹고
기도라도 하고 싶어진다
하느님 이 아이를 지켜주시옵소서
지금처럼 맑고 예쁘게 자라도록 해주소서.

Denk es, o Seele!

Ein Tännlein grünet wo,
Wer weiß, im Walde,
Ein Rosenstrauch, wer sagt,
In welchem Garten?
Sie sind erlesen schon,
Denk es, o Seele,
Auf deinem Grab zu wurzeln
Und zu wachsen.

Zwei schwarze Rößlein weiden
Auf der Wiese,
Sie kehren heim zur Stadt
In muntern Sprüngen.
Sie werden schrittweis gehn
Mit deiner Leiche;
Vielleicht, vielleicht noch eh
An ihren Hufen
Das Eisen los wird,
Das ich blitzen sehe!

---

* Eduard Mörike (1804~1875)

그것을 생각하라 오 영혼이여!

전나무 가지 푸르게 자라네
숲 속 어딘가에서
장미꽃 넝쿨은
어느 정원에 있냐고?
꽃들은 벌써 따서
네 무덤에 덮었지
그곳에 뿌리내려 자라고 있다구
그걸 생각하라 오 영혼이여

검정 말 둘이
들판에서 노닐고 있네
그들은 경쾌하게 뛰면서
집으로 돌아오네
그들은 터벅터벅 걸어가게 될 거야
네 시체를 싣고
어쩌면 어쩌면 그 전에
그들의 발굽에서
쇠가 떨어져 나가
나는 불똥 튀는 것을 보게 될 거라구!

Um Mittenacht

Gelassen stieg die Nacht ans Land,
Lehnt träumend an der Berge Wand,
Ihr Auge sieht die goldne Waage nun
Der Zeit in gleichen Schalen stille ruhn;
Und kecker rauschen die Quellen hervor,
Sie singen der Mutter, der Nacht, ins Ohr
Vom Tage,
Vom heute gewesenen Tage.

Das uralt alte Schlummerlied,
Sie achtet's nicht, sie ist es müd;
Ihr klingt des Himmels Bläue süßer noch,
Der flüchtgen Stunden gleichgeschwungnes Joch.
Doch immer behalten die Quellen das Wort,
Es singen die Wasser im Schlafe noch fort
Vom Tage,
Vom heute gewesenen Tage.

---

* Eduard Mörike (1804~1875)

자 정

밤은 의젓하게 벌판에 내려앉는다
꿈꾸듯 산허리에 기댄다
그의 눈은 이제 금으로 된 시간의 저울을
본다 양쪽 똑같은 접시에 조용히 쉬고 있는
　활기차게 소리 내며 여울은 흐른다
　어머니인 밤의 귀에 가 닿도록 노래한다
　　　낮 시간을
오늘 있었던 낮 시간을.

옛날 아주 옛날 자장가를 밤은
귀담아 듣지 않는다 그것이 지겨운 것이다
푸른 하늘 소리가 더 달콤하게 들리는 것이다
도망치듯 흘러간 시간의 굴레 똑같은 양 날개
　그러나 소리 내는 것은 언제나 여울물
　잠자면서도 계속 노래한다
　　　낮 시간의 노래를
오늘 있었던.

Meeresstrand

Ans Haff nun fliegt die Möwe,
Und Dämmerung bricht herein;
Über die feuchten Watten
Spiegelt der Abendschein.

Graues Geflügel huschet
Neben dem Wasser her;
Wie Träume liegen die Inseln
Im Nebel auf dem Meer.

Ich höre des gärenden Schlammes
Geheimnisvollen Ton,
Einsames Vogelrufen-
So war es immer schon.

Noch einmal schauert leise
Und schweiget dann der Wind;
Vernehmlich werden die Stimmen,
Die über der Tiefe sind.

---

* Theodor Storm (1817~1888)

해 변

석호에 갈매기 누워 있다
그리고 황혼이 펼쳐진다
축축한 모래 위에
노을이 비친다.

회색 오리 한 마리 물가에서
철썩거리며 오고 있다
섬들은 꿈처럼
바다 위 안개 속에 누워 있다.

부글거리는 진흙의
신비로운 소리 외로이
홀로 나는 새가 부르는 소리
늘 그랬었지.

다시 한번 나직이 떨다가
이내 침묵하고 마는 바람
깊은 바다 위에서
들리는 소리.

Venedig

An der Brücke stand
Jüngst ich in brauner Nacht.
Fernher kam Gesang:
Goldener Tropfen quoll's
Über die zitternde Fläche weg.
Gondeln, Lichter, Musik-
Trunken schwamm's in die Dämmrung hinaus...

Meine Seele, ein Saitenspiel,
Sang ich, unsichtbar berührt,
Heimlich ein Gondelnlied dazu,
Zitternd vor bunter Seligkeit.
-Hörte jemand ihr zu?...

---

* Friedrich Nietzsche (1844~1900)

베니스

다리 난간에 기대 있었다 나는
얼마 전 갈색 밤에
멀리서 노래 들려왔다
곤돌라 물방울들 솟구쳐 올라
출렁이는 수면 위로 퍼져갔다
곤돌라 불빛 음악
술에 취한 듯 어둠 속으로 헤엄쳐 갔다...

내 혼은 현악기
나는 드러나지 않게 감동받아 속으로 읊조렸다
곤돌라의 노래를
다채로운 행복에 몸을 떨면서
이 행복에 귀 기울여 줄 사람 있을까?...

Manche freilich

Manche freilich müssen drunten sterben,
Wo die schweren Ruder der Schiffe streifen,
Andre wohnen bei dem Steuer droben,
Kennen Vogelflug und die Länder der Sterne.

Manche liegen immer mit schweren Gliedern
Bei den Wurzeln des verworrenen Lebens,
Andern sind die Stühle gerichet
Bei den Sibyllen, den Königinnen,
und da sitzen sie wie zu Hause,
Leichten Hauptes und leichter Hände.

Doch ein Schatten fällt von jenen Leben
In die anderen Leben hinüber,
Und die leichten sind an die schweren
Wie an Luft und Erde gebunden:

---

* Hugo von Hofmannsthal (1874~1929)

물론 많은 사람이

물론 많은 사람이 죽지 않을 수 없으리
배 밑바닥 그 무거운 노 옆에서
저 위 조타기 옆에 있는 다른 사람은
알고 있으리라 날아가는 새와 별 나라를.

많은 사람은 늘 무거운 사지 지닌 채
뒤틀린 삶 뿌리 언저리에 누워 있는데
다른 사람은 무녀랑 여왕이랑 옆에
의자 갖다놓고 마치 자기 집인 양
느긋이 앉아 있구나
머리도 가볍고 손도 가벼이.

허나 그림자 하나 있어 저 삶에서
다른 삶으로 옮겨 가 앉는다.
그리하여 가벼운 삶은 무거운 삶에
대기와 대지처럼 맞붙는다.

Ganz vergessener Völker Müdigkeiten
Kann ich nicht abtun von meinen Liedern,
Noch weghalten von der erschrockenen Seele
Stummes Niederfallen ferner Sterne.

Viele Geschicke weben neben dem meinen,
Durcheinander spielt sie alle das Dasein,
Und mein Teil ist mehr als dieses Lebens
Schlanke Flamme oder schmale Leier.

완전히 잊힌 민초들의 피곤함을
나는 떨쳐버릴 수 없다 내 노래에서
놀란 영혼들이 머나먼 별나라에서 말없이
떨어지는 것도 모른 척 할 수 없다.

수많은 운명이 내 운명과 맞물려 있나니
인생이란 그 모든 걸 뒤섞어 노는 것
그리고 내 몫은 이러한 삶의 가냘픈 불꽃이나
가느다란 하프보다는 더없이 큰 것.

Ballade des äußeren Lebens

Und Kinder wachsen auf mit tiefen Augen,
die von nichts wissen, wachsen auf und sterben,
und alle Menschen gehen ihre Wege.

Und süße Früchte werden aus den herben
und fallen nachts wie tote Vögel nieder
und liegen wenig Tage und verderben.

Und immer weht der Wind, und immer wieder
vernehmen wir und reden viele Worte
und spüren Lust und Müdigkeit der Glieder.

Und Straßen laufen durch das Gras, und Orte
sind da und dort, voll Fackeln, Bäumen, Teichen,
und drohende, und totenhaft verdorrte...

Wozu sind diese aufgebaut? und gleichen

---

* Hugo von Hofmannsthal (1874~1929)

외면적 삶의 담시

그리고 아이들은 깊숙한 눈 지닌 채 자란다
아무것도 모르면서 자란다 그리고 죽는다
그리고 모든 사람은 자기 길을 간다.

그리고 떫은 열매가 달콤한 과일이 된다
그리고 밤에 죽은 새처럼 떨어져
며칠 버려져 있다가 썩어버린다.

그리고 늘 바람이 분다 그리고 거듭거듭
우리는 듣고 말한다 수많은 말을
그리고 팔다리에 쾌락과 피로를 느낀다.

그리고 풀을 가르는 큰 길 나 있고 여기저기
마을이 있다 횃불이며 나무며 연못 가득한
위협적인 그리고 죽은 듯 시들어 버린 마을들이.

무엇 때문에 이 마을들 생겨났나? 그리고 왜

einander nie? und sind unzählig viele?
was wechselt Lachen, Weinen und Erbleichen?

Was frommt das alles uns und diese Spiele,
die wir doch groß und ewig einsam sind
und wandernd nimmer suchen irgend Ziele?

Was frommts, dergleichen viel gesehen haben?
Und dennoch sagt der viel, der „Abend" sagt,
ein Wort, daraus Tiefsinn und Trauer rinnt

wie schwerer Honig aus den hohlen Waben.

결코 서로 같지 않은가? 그리고 왜 그리도 많은가?
어찌하여 웃고 울다 파리하게 죽어가는가?

이 모든 게 이 모든 놀이가 우리와 무슨 상관인가
우리는 어른이 되어서도 영원히 고독한 존재 아니던가
어떠한 목표도 찾지 않으려는 나그네 아니던가?

그따위 것 많이 보았기로 무슨 소용 있는가?
그럼에도 "저녁"이라는 말 한마디는 많은 걸
말하노니 그것은 깊은 뜻과 애수가 흐르는 말

마치 빈 벌집에 고여 있는 진한 꿀처럼.

'Ich lebe mein Leben in...'

Ich lebe mein Leben in wachsenden Ringen,
die sich über die Dinge ziehn.
Ich werde den letzten vielleicht nicht vollbringen,
aber versuchen will ich ihn.

Ich kreise um Gott, um den uralten Turm,
und ich kreise jahrtausendelang;
und ich weiß noch nicht: bin ich ein Falke, ein Sturm
oder ein großer Gesang.

---

* Rainer Maria Rilke (1875~1926)

'나는 점점 격해지는...'

나는 점점 격렬한 삶을 살고 있다
온갖 일과 씨름한다
어쩌면 마지막 씨름을 이겨내지 못하리라
그래도 해보련다.

나는 하느님 곁을 아주 오래된 탑을 맴돈다
천년이고 만년이고 맴돌리라 그러나 나는 아직도
모른다 내가 매인지 폭풍인지
혹은 거대한 노래인지.

Liebes-Lied

Wie soll ich meine Seele halten, daß
sie nicht an deine rührt? Wie soll ich sie
hinheben über dich zu andern Dingen?
Ach gerne möcht ich sie bei irgendwas
Verlorenem im Dunkel unterbringen
an einer fremden stillen Stelle, die
nicht weiterschwingt, wenn deine Tiefen schwingen.
Doch alles, was uns anrührt, dich und mich,
nimmt uns zusammen wie ein Bogenstrich,
der aus zwei Saiten eine Stimme zieht.
Auf welches Instrument sind wir gespannt?
Und welcher Geiger hat uns in der Hand?
O süßes Lied.

---

* Rainer Maria Rilke (1875~1926)

사랑 노래

어떻게 멈추게 할 수 있겠어 내 혼을
네 혼 건드리지 않도록? 어떻게 너를
제치고 다른 것에 쏠리게 할 수 있겠어?
아 그럴 수만 있다면 어두운 광 속에 처박힌
어느 물건 옆에라도 가 있고 싶어
낯선 조용한 곳에서 날개 접어놓고 조용히
있고 싶어 네 심지가 막 피어오를 때면 말야
허지만 우릴 너와 나를 건드리는 것들이
마치 두 현에서 한 소리 내게 하는
현악기 활처럼 우리를 하나되게 해
무슨 악기이기에 우리를 팽팽하게 해주는 걸까?
그리고 어떤 악사일까 그걸 손에 잡고 있는 이는?
오 달콤한 노래여.

Herbst

Die Blätter fallen, fallen wie von weit,
als welkten in den Himmeln ferne Gärten;
sie fallen mit verneinender Gebärde.

Und in den Nächten fällt die schwere Erde
aus allen Sternen in die Einsamkeit.

Wir alle fallen. Diese Hand da fällt.
Und sieh dir andre an: es ist in allen.

Und doch ist Einer, welcher dieses Fallen
unendlich sanft in seinen Händen hält.

---

* Rainer Maria Rilke (1875~1926)

가 을

나뭇잎이 떨어진다 멀리서
마치 먼 하늘나라 정원이 시든 듯
거부하는 몸짓으로 떨어진다.

그리고 밤이면 무거운 대지가 떨어진다
모든 별에서 고독 속으로.

우리는 모두 떨어진다 이 손도 떨어진다
그리고 다른 것들을 보라 모든 게 다 그렇다.

허지만 한없이 부드러운 두 손으로 이를
받쳐주시는 한 분이 계신다.

'Ich fürchte mich so vor der Menschen Wort'

Ich fürchte mich so vor der Menschen Wort.
Sie sprechen alles so deutlich aus:
Und dieses heißt Hund und jenes heißt Haus,
und hier ist Beginn und das Ende ist dort.

Mich bangt auch ihr Sinn, ihr Spiel mit dem Spott,
sie wissen alles, was wird und war;
kein Berg ist ihnen mehr wunderbar;
ihr Garten und Gut grenzt grade an Gott.

Ich will immer warnen und wehren: Bleibt fern.
Die Dinge singen hör ich so gern.
Ihr rührt sie an: sie sind starr und stumm.
Ihr bringt mir alle die Dinge um.

---

* Rainer Maria Rilke (1875~1926)

'나는 사람들 말이 겁난다'

나는 사람들 말이 아주 겁난다
그들은 모든 걸 너무나 분명하게 말한다
이것은 개고 이것은 집이고
여기가 시작이고 저기가 끝이라고.

그들의 말 뜻이 그들의 농담이 겁난다
그들은 모든 걸 안다 내일 일도 어제 일도
어떠한 산도 그들에게는 신비롭지 않다
그들의 정원과 농장 경계는 바로 신 앞에 닿아 있다.

나는 계속 경고하고 방어하련다 멀리 떨어져 있으라고
사물이 노래하는 걸 나는 즐겨 듣는다
너희가 사물을 건드리면 그것들은 굳고 벙어리가 된다
너희는 내 사물을 모두 죽이고 있다.

Archäischer Torso Apollos

Wir kannten nicht sein unerhörtes Haupt,
darin die Augenäpfel reiften. Aber
sein Torso glüht noch wie ein Kandelaber,
in dem sein Schauen, nur zurückgeschraubt,

sich hält und glänzt. Sonst könnte nicht der Bug
der Brust dich blenden, und im leisen Drehen
der Lenden könnte nicht ein Lächeln gehen
zu jener Mitte, die die Zeugung trug.

Sonst stünde dieser Stein entstellt und kurz
unter der Schultern durchsichtigem Sturz
und flimmerte nicht so wie Raubtierfelle;

und bräche nicht aus allen seinen Rändern
aus wie ein Stern: denn da ist keine Stelle,
die dich nicht sieht, Du mußt dein Leben ändern.

---

* Rainer Maria Rilke (1875~1926)

고대 그리스 아폴로의 토르소

우리는 몰랐다 전대미문의 그의 머리를
그 안에 눈망울이 성숙한 것을 그러나 그의
동체는 아직도 촛불처럼 타오르고 있다
그의 눈은 동체에 박혀 있을 뿐 여전히

빛을 내뿜고 있다 그렇지 않다면 어찌
튀어나온 가슴팍이 너를 눈부시게 하겠는가
살며시 돌아간 허리통에서 성기 달린 중심부에
이르는 부분이 미소를 자아내게 하겠는가.

그렇지 않다면 일그러진 짤막한 돌덩이에 지나지
않으리라 두 어깨 축 늘어진 그리고 사나운
짐승 털처럼 번쩍이지도 않는

그리고 온몸이 낱낱이 별처럼
빛나지도 않으리라 그건 몸통 구석구석이 너를
보고 있기 때문 너는 네 삶을 고쳐야 하리.

Der Panther
Im Jardin des Plantes, Paris

Sein Blick ist vom Vorübergehn der Stäbe
so müd geworden, daß er nichts mehr hält.
Ihm ist, als ob es tausend Stäbe gäbe
und hinter tausend Stäben keine Welt.

Der weiche Gang geschmeidig strarker Schritte,
der sich im allerkleinsten Kreise dreht,
ist wie ein Tanz von Kraft um eine Mitte,
in der betäubt ein großer Wille steht.

Nur manchmal schiebt der Vorhang der Pupille
sich lautlos auf-. dann geht ein Bild hinein,
geht durch der Glieder angespannte Stille-
und hört im Herzen auf zu sein.

---

* Rainer Maria Rilke (1875~1926)

표 범

파리 프랑트 공원에서

그의 눈초리는 철책 앞 오가면서
몹시 지쳐 아무것도 보지 못한다
그에겐 마치 철책만 수천 있고
그 뒤엔 아무것도 없는 것 같다.

건장한 다리 부드러운 걸음걸이
짧디짧은 거리에서 되돌아선다
마치 어느 중심 힘겹게 맴도는 춤처럼
하나의 큰 의지가 마비된 채 서 있는.

오직 가끔씩만 눈꺼풀이 열린다
소리 없이 그러면 한 그림이 들어서고
긴장된 팔다리에 고요가 스며온다
그리고 심장 고동이 멈춘다.

'Immer wieder...'

Immer wieder, ob wir der Liebe Landschaft auch kennen
und den kleinen Kirchhof mit seinen klagenden Namen
und die furchbar verschweigende Schlucht, in welcher
die andern
enden: immer wieder gehn wir zu zweien hinaus
unter die alten Bäume, lagern uns immer wieder
zwischen die Blumen, gegenüber dem Himmel.

---

* Rainer Maria Rilke (1875~1926)

'언제나 다시…'

사랑의 애달픔이 어떤 건지 우린 알지만
작은 교회 묘지에 묻힌 한 많은 사람들의 이름도
그 끔찍한 심연도 침묵하는 그곳에 몸 내던진
  사람들도
그럼에도 우린 언제나 다시 둘이서 밖으로 나간다
고목들이 서 있는 곳으로 우린 언제나 다시 눕는다
꽃들 사이에 하늘 마주보면서.

Gebet

Ich suche allerlanden eine Stadt,
Die einen Engel vor der Pforte hat.
Ich trage seinen großen Flügel
Gebrochen schwer am Schulterblatt
Und in der Stirne seinen Stern als Siegel.

Und wandle immer in die Nacht...
Ich habe Liebe in die Welt gebracht -
Daß blau zu blühen jedes Herz vermag,
Und hab ein Leben müde mich gewacht,
In Gott gehüllt den dunklen Atemschlag.

O Gott, schließ um mich deinen Mantel fest;
Ich weiß, ich bin im Kugelglas der Rest,
Und wenn der letzte Mensch die Welt vergießt,
Du mich nicht wieder aus der Allmacht läßt
Und sich ein neuer Erdball um mich schließt.

---

* Else Lasker Schüler (1876~1945)

기 도

나는 여기저기 다니며 작은 문 앞에
천사가 지키는 도시 하나를 찾고 있다
나는 그의 큰 날개를 지고 다닌다
쪼개지고 무거운 날개를 어깨에 메고
그리고 이마에는 표징으로 그의 별을 달고.

그리고 항상 밤을 헤매며 지낸다...
나는 이 세상에 사랑을 가져왔다
모든 사람 가슴마다 새파랗게 피어나라고
그리고 한평생 지치도록 깨어 살았다
어둡게 요동치는 가슴 하느님 품에 감싸여.

오 하느님 당신 외투로 날 단단히 감싸주세요
저는 압니다 제가 유리 덮개 안 먹다 남은 찌꺼기임을
그리고 마지막 사람이 이 세상을 잊더라도
나를 다시 전능하신 당신 밖으로 내치지 마세요
그리고 새로운 지구가 나를 둘러싸게 해주세요.

Ein alter Tibetteppich

Deine Seele, die die meine liebet,
Ist verwirkt mit ihr im Teppichtibet.

Strahl in Strahl, verliebte Farben,
Sterne, die sich himmellang umwarben.

Unsere Füße ruhen auf der Kostbarkeit,
Maschentausendabertausendweit.

Süßer Lamasohn auf Moschuspflanzenthron,
Wie lange küßt dein Mund den meinen wohl
Und Wang die Wange buntgeknüpfte Zeiten schon?

---

* Else Lasker Schüler (1876~1945)

오래된 티베트 양탄자

내 넋을 사랑하는 네 넋은
내 넋과 짜여졌다 티베트 양탄자로.

한 올 한 올 사랑 깃든 색깔들
하늘 천지에 널리 구혼하는 별들.

우리는 귀중품을 밟고 다닌다
수천 수만 개 코로 짜인 양탄자를.

사향나무 옥좌에 앉아 있는 귀동자 라마의 아들
네 입을 내 입에 맞추기 벌써 몇 번일까
뺨과 뺨 벌겋토록 비벼댄 지 벌써 얼마인가?

Weltende

Es ist ein Weinen in der Welt,
Als ob der liebe Gott gestorben wär,
Und der bleierne Schatten, der niederfällt,
Lastet grabesschwer.

Komm, wir wollen uns näer verbergen...
Das Leben liegt in aller Herzen
Wie in Särgen.

Du! wir wollen uns tief küssen-
Es pocht eine Schnsucht an die Welt,
An der wir sterben müssen.

---

* Else Lasker Schüler (1876~1945)

말 세

이 세상에 한 울음 있다
마치 사랑하는 하느님이 돌아가시기나 한 듯이
그리고 납덩이 같은 그림자가
무덤처럼 육중하게 내려깔린다.

오라 우리 서로 가까이 숨어버리자
생명은 마음 안에 누워 있다
관 속에서처럼.

자기야! 우리 깊게 키스하자꾸나
이 세상을 향한 그리움이 솟구친다
우리가 그곳에서 죽어갈 수밖에 없는.

Stufen

Wie jede Blüte welkt und jede Jugend
Dem Alter weicht, blüht jede Lebensstufe,
Blüht jede Weisheit auch und jede Tugend
Zu ihrer Zeit und darf nicht ewig dauern.
Es muß das Herz bei jedem Lebensrufe
Bereit zum Abschied sein und Neubeginne,
Um sich in Tapferkeit und ohne Trauern
In andre, neue Bindungen zu geben.
Und jedem Anfang wohnt ein Zauber inne,
Der uns beschützt und der uns hilft, zu leben.

Wir sollen heiter Raum um Raum durchschreiten,
An keinem wie an einer Heimat hängen,
Der Weltgeist will nicht fesseln uns und engen,
Er will uns Stuf' um Stufe heben, weiten.
Kaum sind wir heimisch einem Lebenskreise
Und traulich eingewohnt, so droht Erschlaffen;

---

* Hermann Hesse (1877~1962)

단 계

꽃망울은 다 시들 듯이 청춘도
세월 앞에선 물러설 수밖에 없다
현명함도 꽃 필 때 있고 도덕 또한
때가 있어 영원할 수는 없다
인생이란 단계마다 부름 있나니 과거와
작별하고 새롭게 시작할 각오를 해야 한다
결단을 내리고 슬퍼하지 말고
다른 새로운 관계 맺기 위해
그리고 모든 시작에는 마술 같은 황홀함이 있다
우릴 감싸주고 우릴 잘 살도록 도와주는.

우린 기쁜 마음으로 한 마을에서 다른 마을로
고향에 매여 지내지 말고 떠나야 한다,
세계의 정신은 우릴 묶고 옥죄려 하지 않는다,
한 단계 한 단계 우릴 높이고 넓혀준다
우리가 어느 한 마을에서 고향처럼 느끼고
정들기 시작하면 게을러지기 마련

Nur wer bereit zu Aufbruch ist und Reise,
Mag lähmender Gewöhnung sich entraffen.

Es wird vielleicht auch noch die Todesstunde
Uns neuen Räumen jung entgegen senden,
Des Lebens Ruf an uns wird niemals enden...
Wohlan denn, Herz, nimm Abschied und gesunde!

오로지 멀리 떠날 준비를 한 자만이
나른함에서 벗어날 수 있다.

어쩌면 죽음도 우리에게
새로운 세계를 참신하게 보내줄지 모른다
우리에게 삶은 결코 멈추지 않을 것이다
그렇다면 마음아 작별 고하고 건강하게 살라!

Im Nebel

Seltsam, im Nebel zu wandeln!
Einsam ist jeder Busch und Stein,
Kein Baum sieht den andern,
Jeder ist allein.

Voll von Freunden war mir die Welt,
Als noch mein Leben licht war;
Nun, da der Nebel fällt,
Ist keiner mehr sichtbar.

Wahrlich, keiner ist weise,
Der nicht das Dunkel kennt,
Das unentrinnbar und leise
Von allen ihn trennt.

Seltsam, im Nebel zu wandern!
Leben ist Einsamsein.
Kein Mensch kennt den andern,
Jeder ist allein.

---

* Hermann Hesse (1877~1962)

안개 속에서

이상도 하다 안개 속에서 걷는 것은!
넝쿨도 돌도 모두 홀로 있구나
어떤 나무도 다른 나무를 보지 않는다
모두 홀로 있다.

이 세상이 친구로 꽉 차 있었다
내 삶이 그래도 밝았던 시절에는
그런데 이제 안개에 덮이니
아무도 보이지 않는다.

참말이지 누구도 현명하지 않다
모든 것에서 조용히 그를 갈라놓는
피할 수 없는
어둠을 모른다면.

이상도 하다 안개 속을 걷는 것은!
삶이란 고독한 것
누구든 다른 사람을 알지 못한다
누구나 다 홀로 있다.

Weltende

Dem Bürger fliegt vom spitzen Kopf der Hut,
In allen Lüften hallt es wie Geschrei,
Dachdecker stürzen ab und gehn entzwei
Und an den Küsten - liest man - steigt die Flut

Der Sturm ist da, die wilden Meere hupfen
An Land, um dicke Dämmme zu zerdrücken.
Die meisten Menschen haben einen Schnupfen.
Die Eisenbahnen fallen von den Brücken.

---

* Jakob von Hoddis (1881~1942)

말 세

시민의 뾰족한 머리에서 모자가 날아간다
사방천지에서 마치 절규가 터져나오듯 하다
천장이 무너져 내려 두 동강난다
그리고 해변가엔 홍수가 일고 있다 한다.

파도치는 바다가 사납게 달려온다
육지로 두꺼운 둑을 무너뜨리려고
사람들이 대부분 감기에 걸렸고
기차가 다리에서 떨어진다.

Der Gott der Stadt

Auf einem Häuserblocke sitzt er breit.
Die Winde lagern schwarz um sein Stirn.
Er schaut voll Wut, wo fern in Einsamkeit
Die letzten Häuser in das Land verirrn.

Vom Abend glänzt der rote Bauch dem Baal,
Die großen Städte knien um ihn her.
Der Kirchenglocken ungeheure Zahl
Wogt auf zu ihm aus schwarzer Türme Meer.

Wie Korybanten - Tanz dröhnt die Musik
Der Millionen durch die Straßen laut.
Der Schlote Rauch, die Wolken der Fabrik
Ziehn auf zu ihm, wie Duft von Weihrauch blaut.

Das Wetter schwelt in seinen Augenbrauen.
Der dunkle Abend wird in Nacht betäubt,

---

* Georg Heym (1887-1912)

대도시 신

아파트 단지 위에 그는 떡 벌리고 앉아 있다
그의 이마 주위를 검푸른 바람이 둘러싸고 있다
그는 분통이 터진 듯 노려본다 멀리 뜨문뜨문
마지막 집들이 길 잃고 헤매는 것을.

저녁이면 바알의 붉은 배가 빛난다
그를 둘러싼 대도시들이 무릎을 꿇는다
수도 없이 많은 교회 종소리가
그에게로 물결쳐 온다 시커먼 탑의 바다에서.

광란스런 춤을 추듯 윙윙대는
수백만의 노래가 거리마다 떠들썩하다.
기차가 뿜어대는 연기 공장에서 나오는 구름이
그에게로 간다 향연 내음처럼 푸르게.

몰아치는 비바람이 그의 눈썹을 스친다
어스름한 저녁은 밤이 된다

Die Stürme flattern, die wie Geier schauen
Von seinm Haupthaar, das im Zorne sträubt.

Er streckt ins Dunkel seine Fleischerfaust.
Er schüttelt sie. Ein Meer von Feuer jagt
Durch die Straße. Und der Glutqualm braust
Und frißt sie auf, bis spät der Morgen tagt.

성이 나서 솟아오른 그의 머리카락에서
폭풍이 일더니 독수리처럼 내려다 본다.

그는 백정 주먹을 어둠 속으로 뻗는다
주먹을 흔든다 불바다가 대로를 누비며
쏜살같이 달린다 그리고 연기 머금은 불덩이가 밀려온다
그는 그걸 먹어치운다 새벽이 올 때까지.

Ein Wort

Ein Wort, ein Satz - : aus Chiffren steigen
Erkanntes Leben, jäher Sinn,
Die Sonne steht, die Sphären schweigen,
Und alles ballt sich zu ihm hin.

Ein Wort - ein Glanz, ein Flug, ein Feuer,
Ein Flammenwurf, ein Sternenstrich -
und wieder Dunkel, ungeheuer,
Im leeren Raum um Welt und Ich.

---

* Gottfried Benn (1886~1956)

한 단어

한 단어 한 문장이 기호들에서 올라온다
깨달은 삶이 놀라운 뜻이
태양이 떠 있다 주변이 온통 침묵한다
그리고 모든 게 그를 향해 뭉친다.

하나의 단어 하나의 광채 하나의 비상 하나의 열광
하나의 불꽃 하나의 별똥
그리고 다시 엄청난 어두움
텅 빈 공간 안에 세상과 나를 둘러싼.

Anemone

Erschütterer—: Anemone,
die Erde ist kalt, ist nichts,
da murmelt deine Krone
ein Wort des Glaubens, des Lichts.

Der Erde ohne Güte,
der nur die Macht gerät,
ward deine leise Blüte
so schweigend hingesät.

Erschütterer—: Anemone,
du trägst den Glauben, das Licht,
den einst der Sommer als Krone
aus großen Blüten flicht.

---

* Gottfried Benn (1886~1956)

아네모네

감동을 주는 자 아네모네
땅은 차다 아무것도 없다
그때 네 왕관이 속삭인다
한마디 믿음의 말을 빛의 말을.

선함이 없는 땅
오로지 권력만이 판치는
조용한 네 싹이
그처럼 말없이 트고 있구나.

감동을 주는 자 아네모네
너는 믿음을 빛을 지니고 있다
훗날 여름이 왕관으로
만발한 꽃에서 따게 될.

An die Nachgeborenen

1

Wirklich, ich lebe in finsteren Zeit!
Das arglose Wort ist töricht. Eine glatte Stirn
Deutet auf Unempfindlichkeit hin. Der Lachende
Hat die furchbare Nachricht
Nur noch nicht empfangen.

Was sind das für Zeiten, wo
Ein Gespräch über Bäume fast ein Verbrechen ist
Weil es ein Schweigen über so viele Untaten einschließt!
Der dort ruhig über die Straße geht
Ist wohl nicht mehr erreichbar für seine Freunde
Die in Not sind?

Es ist wahr: ich verdiene noch meinen Unterhalt
Aber glaubt: mir das ist nur ein Zufall. Nichts

---

* Bertolt Brecht (1898~1956)

다음 세대에게

1

나는 참으로 암울한 시대에 살고 있다!
악의 없는 말은 바보짓이다 주름살 없는 이마는
감각 없음을 나타낸다 웃고 있는 사람은
끔찍한 소식을
아직 듣지 못했을 뿐이다.

나무에 관한 대화가
악행에 침묵하는 것일 수도 있기에
거의 범죄가 되는 이 시대
도대체 어찌된 세상인가
저기 유유히 길을 건너는 저 사람은
곤경에 빠진 친구들이 만날 수도 없겠지?

그렇다 나는 아직도 일하면서 생계를 이어간다
그러나 믿어다오 그것은 우연일 뿐 내가 하는

Von dem, was ich tue, berechtigt mich dazu,
  mich satt zu essen.
Zufällig bin ich verschont.(Wenn mein Glück
  aussetzt, bin ich verloren)_

Man sagt mir: Iß und trink du! Sei froh, daß du hast!
Aber wie kann ich essen und trinken, wenn
Ich dem Hungernden entreiße, was ich esse, und
Mein Glas Wasser einem Verdurstenden fehlt?
Und doch esse und trinke ich.

Ich wäre gerne auch weise.
In den alten Büchern steht, was weise ist:
Sich aus dem Streit der Welt halten und die kurze Zeit
Ohne Furcht verbringen
Auch ohne Gewalt auskommen
Böses mut Gutem vergelten,
Seine Wünsche nicht erfüllen, sondern vergessen
Gilt für weise.
Alles das kann ich nicht:
Wirklich, ich lebe in finsteren Zeiten!

어떤 행위도 배불리 먹고 마실
  권리를 주지 않는다
우연히 내가 해를 입지 않은 것이다(운이 없어지면
  나도 끝장이다).

사람들은 말한다 먹고 마셔라! 그럴 수 있는 걸 기뻐해라!
허지만 내가 먹는 것이
굶주린 사람에게서 빼앗은 것이요
물 한 컵 없어 목말라 하는 사람이 있다면
내 어찌 먹고 마실 수 있겠는가.

나 또한 현명하고 싶다
옛날 책들에 쓰여 있다 무엇이 현명한지는
세상 싸움판에 끼어들지 말고 짧은 한 세상
두려운 일 하지 않고 지내는 것
폭력 쓰지 말고 빠져나오는 것
악을 선으로 갚는 것
자기 소망을 이루려 하지 말고 잊는 것
그런 게 현명한 것이다
그런 것들을 나는 하나도 할 수 없다
나는 참으로 암울한 시대에 살고 있다!

2

In die Städte kam ich zur Zeit der Unordung,
Als da Hunger herrschte.
Unter die Menschen kam ich zur Zeit des Aufruhrs
Und ich empörte mich mit ihnen.
So verging meine Zeit
Die auf Erden mir gegeben war.

Mein Essen aß ich zwischen den Schlachten.
Schlafen legte ich mich unter die Mörder.
Der Liebe pflegte ich achtlos
Und die Natur sah ich ohne Geduld.
So verging meine Zeit
Die auf Erden mir gegeben war.

Die Straßen führten in den Sumpf zu meiner Zeit.
Die Sprache verriet mich dem Schlächter.
Ich vermochte nur wenig. Aber die Herrschenden
Saßen ohne mich schwerer, das hoffte ich.
So verging meine Zeit
Die auf Erden mir gegeben war.

2

굶주림이 도처에 널려 있는 무질서한 시절
나는 대처로 왔다
폭동 시절에 나는 사람들 사이에 끼어들었다
그리고 그들과 함께 분노했다
지상에서 내게 주어진 시간은
그렇게 흘러갔다.

나는 전투가 벌어지는 틈새에서 내 밥을 먹었다
잠은 살인자들 틈에 끼어 잤다
사랑은 되는 대로 마구했다
자연은 참을성 없이 보았다
지상에서 내게 주어진 시간은
그렇게 흘러갔다.

우리 시대에는 길이 모두 늪으로 나 있었다
언어가 나를 살육자에게 드러나게 했다
내가 할 수 있는 일은 별로 없었다 그러나
내가 없다면 지배자들은 더 안전했겠지 난 그러길 바랐다
지상에서 내게 주어진 시간은
그렇게 흘러갔다.

Die Kräfte waren gering. Das Ziel
Lag in großer Ferne
Es war deutlich sichbar, wenn auch für mich
Kaum zu erreichen.
So verging meine Zeit
Die auf Erden mir gegeben war.

3

Ihr, die ihr auftauchen werdet aus der Flut
In der wir untergegangen sind
Gedenkt
Wenn ihr von unseren Schwächen sprecht
Auch der finsteren Zeit
Der ihr entronnen seid.

Gingen wir doch, öfter als die Schuhe die Länder
  wechselnd
Durch die Kriege der Klassen, verzweifelt
Wenn da nur Unrecht war und keine Empörung.

Dabei wissen wir doch:

힘은 별로 없었다 목표는
아주 먼 곳에 있었다
비록 나는 도달할 수 없겠지만
뚜렷하게 볼 수 있었다
지상에서 내게 주어진 시간은
그렇게 흘러갔다.

3
우리가 빠져 죽어간 밀물에서
떠오르게 될 너희는
생각해다오
우리 약점을 얘기하게 되면
암울한 시대도 함께
너희는 겪지 않게 된.

신발보다 더 많이 나라를 바꿔가며 우린
망명길을 가지 않았던가
계급 사이에 전쟁을 겪으면서 불의만 있고 분노가
없을 때면 절망하면서.

그러면서 우린 알게 되었지

Auch der Haß gegen die Niedrigkeit
Verzerrt die Züge.
Auch der Zorn über das Unrecht
Macht die Stimme heiser. Ach, wir
Die wir den Boden bereiten wollten für Freundlichkeit
Konnten selber nicht freundlich sein.

Ihr aber, wenn es so weit sein wird
Daß der Mensch dem Menschen ein Helfer ist
Gedenkt unsrer
Mit Nachsicht.

비열함을 증오하는 것 또한
표정을 일그러뜨린다는 것을
불의에 분노하는 것 또한
목소리를 거칠게 만든다는 것을
친절한 사회 토대를 마련하려 했던
우리 자신은 친절한 삶을 살 수 없었다.

그러나 너흰 사람이 사람을 도와주는
세상이 되면
우릴 생각해다오
너그러운 마음으로.

Der Rauch

Das kleine Haus unter Bäumen am See.
Vom Dach steigt Rauch.
Fehlte er
Wie trostlos dann wären
Haus, Bäume und See.

---

* Bertolt Brecht (1898~1956)

연 기

호숫가 나무 밑 작은 집
지붕에서 연기가 피어오른다
연기가 없다면
얼마나 처량할까
집도 나무도 호수도.

Früling 1938

Heute, Ostersonntag früh
ging ein plötzlicher Schneesturm über die Insel.
Zwischen den grünenden Hecken lag Schnee.
  Mein junger Sohn
holte mich zu eienm Aprikosenbäumchen an der
  Hausmauer
von einem Vers weg, in dem ich auf diejenigen
  mit dem Finger deutete
die einen Krieg vorbereiteten, der
den Kontinent, diese Insel, mein Volk, meine Familie
  und mich
vertilgen mag. Schweigend
legten wir einen Sack
über den frierenden Baum.

---

* Bertolt Brecht (1898~1956)

1938년 봄

오늘 부활절 일요일 이른 아침
갑자기 눈보라가 섬을 덮쳤다.
푸르기 시작한 울타리 사이엔 눈이 쌓여 있다
　내 어린 아들이
나를 살구나무 있는 데로 끌고 갔다
　집 담장 가까이에 있는
이 대륙을 이 섬을 우리 동포와 가족을
　나를
지워버릴 수도 있을 전쟁을 준비하는 자들을
　지적하는
시를 쓰던 나를
말없이 우리는
포대 하나로
떨고 있는 나무를 감싸주었다.

Der Radwechsel

Ich sitze am Straßenrand
Der Fahrer wechselt das Rad.
Ich bin nicht gern, wo ich herkomme.
Ich bin nicht gern, wo ich hinfahre.
Warum sehe ich den Radwechsel
Mit Ungeduld?

---

* Bertolt Brecht (1898~1956)

바퀴 갈기

나는 길가에 앉아 있다
기사는 차 바퀴를 갈고 있다
나는 온 길로 다시 가고 싶지 않다
나는 가려던 곳으로 가고 싶지 않다
어찌하여 나는 바퀴 바꾸는 것을
초조하게 보고 있는가?

후 기

Viele dieser Gedichte haben mich ein Lebenlang begleitet: einige schon seit der Schulzeit, andere später. Auswendig gelernt, damit ich sie jederzeit 'bei mir' haben, herbeirufen konnte: beim Spaziergang, im Flugzeug, im Bett...

Manche Zeilen haben sich verselbständigt und ich weiß ihre genaue Herkunft nicht mehr, so wie der Körper nicht mehr weiß, woraus er diese oder jene Substanz gezogen hat.

Zu manchen habe ich beim Gehen eine Melodie erfunden. Das schnelle Seouler Stadtleben macht solche Augenblicke selten, aber nicht unmöglich.

Auch in der Beziehung zu meinem Mann haben Gedichte vom ersten Tag an eine Rolle gespielt. Die Übersetzung ins Koreanische stammt von meinem Mann.

여기 모아놓은 시는 대부분 내 삶과 함께 했다. 몇몇은 초·중학교 때부터 암송했는데, 언제라도 불러내 '내 옆에' 두고 싶어서 그랬다. 산책할 때도, 비행기 안에서도, 잠자리에 들면서도...

어느 시는 출처를 나도 모르게 되었다. 내 몸을 구성하는 것들이 어디서 어떻게 왔는지 모르듯이.

몇몇 시는 걸으면서 내가 만든 멜로디에 맞춰 암송한다. 바삐 돌아가는 서울 삶은 그러한 시간을 쉽게 내주지 않는다. 그러나 아주 어려운 일은 아니다.

이 시들은 내 남편 최두환과 인연에서도 첫날부터 톡톡히 한몫했다. 한국어 번역은 그가 한 것이다.

차 례

초판발행 2019년 2월 1일
펴낸이 최두환, 엮은이 최 레기네, 옮긴이 최두환

펴낸곳 시와진실, 출판등록 1997년 6월 11일 제2-2389
06912 서울 동작구 강남초등4길 14번 시와진실 601호
전화 02-813-8388, 팩스 02-813-8377
이메일 ambros2013@naver.com, 블로그 httn://blog.naver.com/ambros2013

ISBN 978-89-90890-57-3 03850

이 도서의 국립중앙도서관 출판예정도서목록(CIP)은
서지정보유통지원시스템 홈페이지(http://seoji.nl.go.kr)와
국가자료공동목록시스템(http://www.nl.go.kr/kolisnet)에서 이용하실 수 있습니다.
(CIP제어번호: CIP2019001957)